DISCOURS

PRONONCÉ

LE 20 FÉVRIER 1790,

Par M. DE MILLY, Américain, citoyen de Paris, avocat en parlement, l'un des Commissaires nommés par le district des Filles-Saint-Thomas ;

POUR

L'EXAMEN de la Question relative à la liberté et à l'abolition de la Traite des Nègres.

A PARIS,

De l'Imprimerie de P. FR. DIDOT JEUNE.

1790.

EXTRAIT

Du Registre des délibérations du district des Filles-Saint-Thomas , du lundi 8 février 1790 , à 5 heures de relevée.

APRÈS avoir entendu la lecture d'une motion faite par M. Magol , ex-président, relativement à la liberté et à l'abolition de la Traite des Nègres ; il a été arrêté que l'on nommerait des commissaires pour l'examen de cette motion.

On a prié les membres de l'assemblée qui voudraient se charger de cet examen, de se présenter. L'assemblée ayant désigné M. de Milly pour commissaire, et comme Américain en état de donner des renseignemens , il a annoncé son refus à l'Assemblée , motivé sur sa qualité même d'Américain , qui ne permet-

tait pas à sa délicatesse de donner son
avis dans cette discussion ; mais malgré
son refus, l'assemblée a insisté, et il a
été compris au nombre des commissaires.

Collationné et certifié conforme au
registre , par nous secrétaire-greffier
soussigné , au district des Filles-Saint-
Thomas , ce 22 février 1790.

J O I G N Y,
Secrétaire-Greffier.

DISCOURS

PRONONCÉ le 20 février 1790, par M. DE MILLY, américain, citoyen de Paris, avocat en parlement, l'un des commissaires nommés par le district des Filles-Saint-Thomas ;

POUR

L'EXAMEN de la Question relative à la liberté et à l'abolition de la Traite des Nègres.

MESSIEURS,

LA qualité d'américain, qui semblait devoir m'exclure des fonctions que je remplis en ce moment, a cependant servi à me concilier votre confiance : elle m'avertit du besoin d'être

A

impartial, et j'espère vous prouver que cette partie de mes devoirs ne sera pas méconnue.

La jouissance la plus douce pour l'homme sensible est de repaître son imagination de l'idée d'un bonheur universel; mais la vérité le réduit à n'être qu'une chimère.

En parcourant les annales du monde, on voit que la force, lorsqu'elle n'est pas l'appui de la faiblesse, en est le fléau; de là les maux qui, dans tous les âges, n'ont cessé d'opprimer le genre humain; de là les inégalités, les usurpations, les tyrannies, et par-tout l'asservissement plus ou moins marqué d'un homme à un autre homme.

La servitude qui flétrit l'ame, nous devons l'avouer, est un vice des plus antiques gouvernemens. En jetant ses regards sur le globe entier, on retrouve par-tout les traces et l'exemple de cette infraction aux lois primitives de la nature.

C'est sans doute chez des peuples constamment vainqueurs qu'il faut chercher l'origine de ces gouvernemens qui offrirent à la fois l'amour de la liberté et l'usage de la servitude. Athènes, Lacédémone, Rome, dans les plus beaux jours de leur gloire, conservaient sans remords de nombreux esclaves, devenus, pour ainsi dire, un attribut de grandeur et de pouvoir; ainsi l'orgueil des Nations semblable à celui des individus repose plus souvent sur des idées de puissance que sur les principes de la justice.

Le génie de Colomb devine un nouveau monde; il le découvre, et ce moment, qui étoit un nouveau triomphe pour l'esprit humain, commence l'époque d'une mémorable calamité. Les Espagnols, vainqueurs sanguinaires, dépeuplent l'Amérique pour s'y assurer la possession de l'or. Le vertueux évêque de Chiapa, temoin des scènes les plus désastreuses, plaide la cause de l'humanité; mais, abusé lui-même par sa sensibilité, il fait concevoir le projet de fertiliser l'Amérique par des mains africaines.

Cette pensée serait un crime, si l'Afrique n'avait pas connu la servitude de tous les tems; si le despotisme le plus sanguinaire n'y disposait pas sans cesse d'un nombre infini d'individus, arrivés à un tel dégré d'erreur et de dépravation, qu'ils comptent quelquefois pour un bienfait le choix qui les fait immoler aux mânes d'un tyran ou au coupable préjugé d'un culte imposteur.

Hâtons-nous de citer ici deux faits qui ne seront pas démentis : l'un, c'est que les Français furent les derniers qui reçurent des esclaves africains; l'autre, que les Colonies françaises sont celles où leur sort est le plus doux, celles où la servitude n'est le plus souvent qu'un mot, et où des affranchissemens continuels et multi-

A ij

pliés rendent la liberté à des hommes qui re-
grettent encore quelquefois les soins d'un bon
maître.

Dans tous les rapports, il faut essentiellement
calculer le point d'où l'on part. On ne pourrait
juger l'esclavage des colonies comme la servitude imprimée pour la première fois à des êtres
qui ne l'auraient jamais connue, à des hommes
qui, trouvant au fond de leur cœur le sentiment
et l'habitude de l'indépendance, se livreraient à
toutes les horreurs du désespoir, plutôt que de
plier sous le joug.

Il faudrait connoître bien peu les relations
publiées sur l'Afrique, et les mœurs de cette
partie du monde; il faudrait sur-tout n'avoir jamais entendu les Africains eux-mêmes faire la
touchante peinture des malheurs auxquels ils
sont en proie dans leur terre natale, n'avoir jamais été témoin de la répugnance invincible
qu'ils ont à retourner dans leur patrie, pour
ignorer que le sort d'un Nègre, transporté en
Amérique, est amélioré.

En effet, on conçoit facilement que des hommes grossiers qui se rendent les maîtres de la
vie, de la mort et de la liberté de leurs freres,
ne peuvent offrir qu'un tableau pénible aux regards de la philosophie. Dans les lieux où la loi
n'existe pas, où l'humanité est muette, les pas-
sions et la force disposent de la destinée des
hommes.

(5)

Que penser des mœurs d'un peuple qui verse
le sang humain dans ses cérémonies religieuses;
qui ôte la vie à ceux qu'il a vaincus, à moins
qu'il ne lui soit plus avantageux d'en trafiquer;
et chez lequel un homme préfère quelquefois
de se vendre lui-même, plutôt que de se dé-
vouer à un travail spontané pour combattre la
misère?

Ces faits sont notoires; et si quelques écrivains,
purement spéculatifs, ont tenté de les revoquer
en doute, leur incrédulité, en honorant leur
cœur, n'a pu détruire la vérité.

Loin d'appliquer ce point de rapprochement
à l'égard des esclaves des colonies, et qui aurait
sûrement conduit à juger que la traite de la côte
d'Afrique n'est pas odieuse, comme on se plaît
à le publier, on a préféré de choisir l'Africain transporté aux isles, pour le mettre en pa-
rallèle avec l'habitant de la France. On s'est
même gardé de prendre celui-ci dans les états
les moins heureux, et par cela même dans l'espèce de servitude qu'imposent les besoins; mais
on a comparé les deux extrêmes, afin d'opposer
un homme, comblé d'avantages par la nature et
par les institutions sociales, au Nègre livré aux
injustices d'un maître dur et impérieux. C'est
par le contraste de cette opposition qu'on a cher-
ché à émouvoir la sensibilité, et à élever un cri
général de proscription contre la servitude et

contre la traite qu'on regarde comme son aliment.

A Dieu ne plaise, Messieurs, que je prétende faire ici l'apologie de l'une et de l'autre. Quoique convaincu que la condition d'un Africain dans les colonies est infiniment supérieure à celle où il allait être réduit au moment où on a préféré de le vendre, je n'hésiterai point à dire qu'il eût été plus humain, et par conséquent plus conforme au caractère français, qu'il ne participât en aucune manière aux torts des oppresseurs et aux disgraces des opprimés de l'Afrique. Mais cet usage subsiste depuis près de deux siecles, et ses effets, son influence politique le rendent digne dans ce moment de toute votre attention.

Les colonies françaises renferment au moins 700000 (1) esclaves : ces possessions produisent,

---

N O I R S.

(1) Saint-Domingue.............400000.

Martinique .... 80000.

La Guadeloupe............... 90000.

Sainte - Lucie............... 15000.

Tabago.................... 15000.

Cayenne, Mariegalante et autres

    petites isles............... 25000.

Les isles de France et de Bourbon.. 75000.

                700000.

(7)

par leur travail et par l'industrie de (1) 88000
blancs, un revenu annuel de 250,000,000 tournois,
versés dans la métropole qui prélève sur cette
somme énorme, 1°. de quoi payer les objets d'a-
griculture et ceux manufacturés, également
consommés par les colonies; et 2°. ce qu'il faut
pour acquitter les frais de transport dûs au commerce national, et pour réaliser les profits de
spéculation de tout genre qui mettent en acti-
vité et font vivre 6 ou 7 millions d'hommes
dans le royaume.

Il est facile de sentir, d'après ce court exposé,
combien il est impossible de séparer l'intérêt de
la métropole de celui des colonies. Cette indivi-
sibilité veut qu'on examine avec le plus grand
soin tout ce qui pourrait porter atteinte aux colonies elles-mêmes, puisque le sort de la France
leur est intimement lié.

BLANCS.

(1) Saint-Domingue . . . . 32000.
Martinique . . . . 14000.
Guadeloupe . . . . 16000.
Sainte - Lucie . . . . 2500.
Tabago . . . . 500.
Cayenne . . . . 3000.
Mariegalante, les Saints, Desirade, etc. 2000.
Isles de France et de Bourbon . . . . 18000.

88000.

Nous le répétons, les terres de nos colonies sont cultivées par 700,000 esclaves, et cette observation amène les deux questions suivantes: Peut-on espérer que les mains de ces hommes, si on les déclarait libres, s'emploieraient encore à fertiliser l'Amérique?

. Dans le cas où l'on ne pourrait pas conserver les immenses produits des colonies sans le secours d'un esclavage plus ou moins mitigé, faut-il y renoncer plutôt que de maintenir cet esclavage?

1°. Le climat brûlant des Antilles exige, pour les travaux de l'agriculture, des hommes qui lui soient en quelque sorte appropriés. L'histoire de leurs premiers établissemens prouve que les habitans des zones tempérées ne peuvent lutter contre ses intempéries, et des tentatives, encore récemment faites à Cayenne et à la Martinique, n'ont que trop confirmé cette vérité.

La température des îles, comparée à celle de l'Afrique, montre au contraire qu'il est très-facile aux Africains de vivre dans les Colonies, et il ne faut que voir le grand nombre de vieux Nègres qu'on y trouve, pour en être convaincu.

Si le Nègre transporté aux Colonies n'avait d'autres changemens à éprouver que celui du climat, il se féliciterait davantage de cette transplantation; mais, paresseux et indolent, il aime le repos et par goût et par habitude ; insouciant par caractère, sans prévoyance pour le lendemain, aimant mieux se laisser assiéger par le besoin que de le repousser avec quelque fatigue, il ne faut rien attendre du Nègre livré à lui-même.

Mais, dira-t-on, les hommes sont ce qu'on les fait, et l'on peut donner aux Nègres des principes et des vertus qui leur sont encore inconnus. En les faisant jouir de la liberté, leur ame s'ouvrira à des vérités nouvelles, et la voix de la raison fera autant de citoyens qu'il y a d'esclaves.

Il le faut avouer, cette idée à quelque chose de séduisant, et le premier mouvement est de la saisir avec transport. A l'époque d'une révolution dont l'amour de la liberté a été la cause ; dans un moment où la liberté est l'idole des Français, comment ne pas désirer d'étendre ce bienfait à toutes les classes d'hommes qui existent ? Mais doit-on présumer que ceux-ci puissent sentir dès le premier instant la véritable nuance de ce changement d'état ? S'il devait avoir lieu un jour, il faudrait au moins qu'il fût préparé lentement et par degrés ; en y faisant intervenir des institutions utiles pour tous, après les avoir soigneusement méditées. Quiconque veut agir sans le secours du temps et de la méditation, s'expose à rencontrer tous les obstacles, et à produire un mal plus grand que celui qu'il a tenté de réformer: Eh ne le voyons nous pas, MM, sous nos yeux! Le peuple, égaré par de fausses notions, n'a-t-il pas pris quelquefois la licence pour la liberté, et n'a-t-il pas fallu arrêter ses erreurs pour conserver la chose publique et son propre bonheur?

Que pourrait-on se promettre, d'après cet exemple du premier mouvement, de 700 mille esclaves qui, privés de lumières, sans guide et sans projets réfléchis, se trouveraient désormais livrés à eux-mêmes? L'imagination se refuse à peindre les horreurs dont cette explosion seroit la cause, et qui amènerait nécessairement la dépopulation des Colonies, après qu'elles auraient été inondées du sang et des maîtres et des esclaves.

Et qu'on ne prenne pas ceci pour une vaine terreur. Le faux bruit de leur affranchissement a suffi pour mettre les armes à la main aux esclaves de la Martinique, (1) et pour cau-

---

(1) Extrait d'une lettre écrite du fort royal de la Martinique le 18 novembre 1789.

« La Colonie n'a jamais été ménacée d'un aussi cruel
« danger qu'elle l'est à présent. Il y a une insurrec-
« tion générale parmi tous les Nègres qui veulent ab-
« solument être libres. On a été obligé d'envoyer des
« détachemens du régiment dans divers quartiers de la

ser une vive agitation parmi ceux de la Guade-
deloupe et de Saint-Domingue. Que cette circonstance ne vous échappe même pas, MM ; les
Nègres qui entendent dire qu'ils vont être libres,
ne se bornent pas à attendre que cette nouvelle
se réalise. Ils ne se disposent pas à devenir les
concitoyens de leurs maîtres : déja leur imagination passe le but ; ils se révoltent et croyent
que ce qu'on leur annonce comme un bienfait
doit être le signal du massacre des blancs, et
un commandement de se livrer à tous les dé-
sordres. Tel est le point de maturité où est
en ce moment l'esprit des Nègres : croyez-vous
que ce soit celui de les appeler à l'exercice de
la liberté ? Leur propre conduite n'avertit-elle
pas de les défendre d'eux-mêmes et de les sau-

« Colonie où les Nègres manifestoient la révolte. L'Eco-
« nome de Madame *Duharoc,* a été victime de la per-
« suasion où sont les esclaves, qu'ils sont libres : il a
» été tué par sept assassins, le 8 de ce mois à deux heu-
« res après midi. Ce qui fait craindre que ce ne fut un
« projet général d'égorger tous les Blancs, c'est que
« les sept coupables n'ont rien dit dans leurs déposi-
« tions, si non que cet homme n'étoit pas méchant ;
« qu'il ne les forçoit pas au travail ; qu'il leur avan-
« çoit même de l'argent, et qu'ils ne l'avoient tué
« *qu'à cause de la Nation.* On assure que tous les Nè-
« gres ont résolu de demander au jour de l'an , à leurs
« maîtres, leur liberté ; et en cas de refus , de faire cou-
« ler des flots de sang. »

ver des plus grands désastres? Nous l'avons dit, les Colons français sont les maîtres les plus doux, et quand la régénération de l'Empire doit produire dans le caractère national les plus heureux effets, est-il possible de douter que les Colons eux-mêmes ne soient portés à améliorer encore l'état des esclaves? Etrangers jusqu'ici comme le reste des Français, à leur propre administration, on n'a pu voir germer les vertus publiques qui sont les sources fécondes des vertus privées. Appellés à des assemblées où le civisme se fera remarquer, les Colons trouveront satisfaisant pour eux-mêmes d'adoucir le sort de ceux qui leur sont confiés; et désormais les loix faites pour contenir ou pour punir les maîtres, seront remplacées par l'opinion publique, la plus forte de toutes les loix.

Mais si, au lieu de ces modifications successives, un dangereux enthousiasme fesait prononcer l'affranchissement des esclaves, son premier effet, n'en doutez pas, serait de rendre les Colonies le théâtre du plus affreux carnage, et de porter à l'état le coup le plus funeste. Je m'appuierai même sur un auteur dont le témoignage ne peut être suspect, pour prouver que les Nègres ne sont pas préparés à recevoir la liberté.

« Il ne faudroit pas, dit M. l'abbé Raynal,

ce premier apôtre de la liberté des Nègres,
« faire tomber les fers des malheureux qui
« sont nés dans la servitude où qui y ont vieil-
« li. Ces hommes stupides, qui n'auroient pas
« été préparés à un changement d'état , se-
« roient incapables de se conduire eux-mêmes.
« Leur vie ne seroit qu'une indolence habituel-
« le ou un tissu de crimes. Le grand bienfait
« de la liberté doit être réservé pour leur pos-
« térité, et même avec quelques modifications :
« jusqu'à leur vingtième année, ces enfans ap-
« partiendront au maître dont l'atelier leur
« aura servi de berceau, afin qu'il puisse être
« payé des frais qu'il aura été obligé de faire
« pour leur conservation. Les cinq années
« suivantes, ils seront obligés de le servir en-
« core, mais pour un salaire fixé par la loi.
« Après ce terme, ils seront indépendans ,
« pourvu que leur conduite n'ait pas mérité
« des reproches graves. S'ils s'étoient rendus
« coupables d'un délit de quelqu'importance ,
« le magistrat les condamneroit aux travaux
« publics pour un temps plus ou moins consi-
« dérable ; on donneroit aux nouveaux ci-
« toyens une cabane , un terrein suffisant
« pour créer un petit jardin; et ce sera le fisc
« qui fera la dépense de cet établissement, etc.
Depuis long-temps cet auteur, justement cé-
lèbre par la pureté de sa morale et la dou-

ceur de sa philosophie, nous a fait un tableau
touchant de la condition des Nègres en Amérique : c'est dans cette contrée, c'est sur les
lieux-mêmes que j'ai vérifié combien sa sensibilité avait égaré son zèle et trompé sa raison; mais si l'enthousiasme auquel il s'est livré
pouvait avoir besoin d'excuse, on la trouve-
rait dans la bonne foi avec laquelle il a plaidé
la cause de l'humanité.

Qu'il me soit permis de citer une autre autorité qu'appuient et une longue expérience, et
des faits d'autant plus certains qu'ils se sont
passés sous vos yeux : je trouve dans un mé-
moire de M. Moreau de St. Méry, imprimé le
mois dernier, cette phrase remarquable : « Il
« est un homme convaincu que, si l'on pro-
« nonçoit l'affranchissement des Nègres, le
« premier usage qu'ils feroient de leur liberté
« seroit d'exterminer tous les blancs. Il croit
« encore qu'après cet horrible massacre, les
« Nègres sans instruction, sans lumières, ne
« se connoissant pas tous, ayant entr'eux des
« amis, des jalousies, et même des rivalités
« de nation ; incapables d'adopter et de suivre
« et par conséquent de concevoir aucun plan
« d'administration, s'entre-égorgeraient, et
« périroient victimes de tous les maux réunis.
« Ainsi le système de les rendre libres est égal,
« dans l'opinion de cet homme, au projet

« atroce de détruire tous les êtres qui sont
« aux colonies, d'anéantir les produits de leurs
« riches productions , et par suite , de
« porter un coup funeste à l'état. Hé bien !
« ajoute-t-il , cet homme , c'est moi. »

Voilà, MM. l'opinion de l'historien des colonies, d'un homme qui, depuis plus de 15 ans, médite et refléchit sur elles pour communiquer le résultat d'observations faites pendant 30 années.

Et qu'on ne dise pas que ce sentiment appartient à une ame servile , qui obéit à des préjugés ou qui est incapable de sentir les élans de la liberté : vous l'avez vû, Messieurs, M. Moreau de St. Méry, s'élevant au dessus de tous les dangers, prendre dans cette Capitale , au mois de juillet dernier la place la plus dangereuse, et montrer que le sacrifice de sa vie ne lui coûtait rien pour assurer la liberté à ceux qui étaient en état d'en jouir. Son patriotisme , sa fermeté et son sang-froid ont aidé à sauver cette ville immense, et avec elle la France entière. Aurait-il voulu souiller tant de gloire en publiant sa pensée sur l'affranchissement des Nègres, si sa consience ne lui avait fait un devoir de dire cette affligeante mais utile vérité; le ferait-il surtout dans le moment actuel , où une reconnaissance universelle est devenue sa recompense ?

Il n'est pas de mon sujet d'examiner la nature des moyens que propose M. l'abbé Raynal; il me suffit d'avoir fait servir son témoignage à appuyer les vérités que je vous ai tracées.

Ah ! puisque c'est le bien que nous voulons, ne produisons que le bien, et gardons-nous de croire que la pureté des intentions puisse toujours excuser les événemens qui peuvent en résulter.

En passant à l'examen de la seconde question, je vais avoir l'honneur de mettre sous vos yeux les effets que produirait, par rapport à la France, l'abolition de l'esclavage et de la traite.

Je vais vous prouver, MM., que dans le cas où la France jugerait qu'elle doit renoncer aux immenses produits des Colonies, plutôt que d'y maintenir un esclavage plus ou moins mitigé, elle serait dans l'erreur si elle croyait faire une chose utile.

D'abord son opinion suffirait-elle pour que les Colons se crussent obligés de l'adopter, de renoncer à leurs propriétés, de s'exposer surtout à se voir égorger par leurs Nègres? on ne le présume pas. L'esclavage serait donc conservé de fait.

2°. Si le commerce français cessait de fournir des Nègres aux colonies, les autres puissances navales y suppléeraient bientôt. La côte d'Afrique ne changerait pas de régime : elle n'en

est

est pas encore à ce point de philosophie, et les Esclaves eux-mêmes, qui voient que leurs travaux s'adoucissent lorsqu'ils sont en plus grand nombre, continueraient à se féliciter de voir arriver des africains destinés à recruter les ateliers des Colonies.

La résolution prise par la France ne nuirait donc pas aux Colonies ; mais ce que la France elle-même en souffrirait ne peut assez s'apprécier.

Les 250 millions que les Colonies versent annuellement dans la métropole n'y parviendraient plus ; tout à coup l'agriculture, les manufactures, le commerce, la navigation, l'industrie nationale se trouveraient frappés d'une espèce de paralysie ; les millions d'hommes que le commerce colonial nourrit et entretient se trouveraient sans autre ressource que celle de s'expatrier pour aller porter chez des nations rivales leur fortune et leur industrie ; chaque lieu, chaque profession du royaume sentiraient bientôt les funestes effets de ce changement. La perte des Colonies pour la France entraînerait celle de sa puissance publique, visiblement fondée sur son commerce. Exposée peut-être aux insultes et même aux entreprises de ses voisins, il lui faudrait perdre de sa gloire, de son influence politique et de sa prépondérance.

B

Est-il possible de ne point s'affliger à la seule idée de cet état d'infériorité?

On assure que l'Angleterre a osé en concevoir l'espérance ; que les sociétés qu'on a nommées nigrophiles ont pris naissance dans l'étendue de sa domination, et qu'elles se sont propagées jusques dans cette Capitale. On assure encore que des hommes égarés par une humanité mal entendue ont répandu avec un zèle inconsidéré les premières semences d'une doctrine, dont le succès serait pour la France la perte totale de ses Colonies. On leur reproche les insurrections qui se sont manifestées dans nos isles : elles ont exigé des châtimens et des suplices : elles ont pu conduire les Colons jusqu'à penser qu'ils étaient dédaignés par leur métropole ; jusqu'à leur faire craindre qu'ils seraient peut-être forcés de quitter le nom de Français pour conserver leur vie et leurs propriétés.

Voilà donc tout le fruit qu'aurait produit un parti que l'Angleterre encourage par son adroite politique ; et c'est ici, MM., qu'il faut remarquer la marche de cette puissance (1) : elle feint

____

(1) « Notre gouvernement, disent les nouvelles de « Londres du 10 fevrier 1790, a un si grand intérêt « que la Traite soit abolie chez nos voisins, et il est si « parfaitement convaincu que cette mesure entraînerait

de desirer l'abolition de la traite, tandis que des délais artificieusement ménagés la préservent chez elle de maux qu'elle croit que la manie de l'imitation fera éprouver à la France.

Tout récemment dans une adresse présentée à l'Assemblée Nationale au nom des amis des noirs, on a nié d'avoir jamais demandé l'affranchissement immédiat des Nègres ; mais on s'est plu à faire un tableau révoltant des circonstances de la traite. On veut que les Européens soient les auteurs de tous les crimes de l'Afrique ; que la vente des Nègres qu'on se permet d'appeler *marché de chair humaine*, n'y ait lieu que par *d'infames manœuvres* qu'on ne craint pas d'imputer aux armateurs et à leurs préposés.

Il existe en effet, MM., de véritables marchés de chair humaine chez les Africains ; mais, pour se convaincre que cette barbarie est absolument étrangère aux Européens, consultons un voyageur historien, qui n'avait aucun intérêt à déguiser la vérité.

« la perte de leurs Colonies, qu'il se gardera bien de
« refroidir l'enthousiasme des amis des Noirs en France,
« en pressant une décision du parlement. Elle serait
« vraisemblablement favorable à la Traite, et nous
« préférons de laisser croire dans l'étranger que nous
« songeons sérieusement à la supprimer ».
Voyez le mercure du 20 février.

B ij

(20)

« Les Anxicos (1), dit Drapper dans son voyage d'Afrique, « mangent leurs esclaves ; « la chair humaine n'est pas moins commune « dans leurs marchés, que la chair de bœuf « dans nos boucheries. Le père se repaît de « la chair de son fils, le fils de celle de son « père ; les frères et sœurs se mangent, et la « mère se nourrit sans horreur de l'enfant « qui vient de naître. »

Il faut respecter bien peu les vraisemblances pour espérer de vous persuader que cette partie du monde n'a connu la soif du sang et l'esclavage, que depuis le moment où les Européens y ont abordé, comme si l'on ne savait pas que même à présent l'Afrique fournit des esclaves aux Maures, aux Turcs, et à d'autres peuples. Vous ne croyez pas, Messieurs, à toutes ces assertions démenties par l'histoire ; non, vous ne croyez pas que les mœurs les plus cruelles soient le résultat de la communication avec les peuples civilisés, avec

---

« (1) Les Nègres, dit le P. Labat, sans reconnois- « sance, sans affection pour leurs parens, sont aussi « sans compassion pour les malades. C'est *chez ces* « *peuples*, ajoute-t-il, qu'on voit des mères assez in- « humaines pour abandonner dans les campagnes leurs « enfans à la voracité des tigres. «

des Français ; et pour détruire jusqu'au moindre doute à cet égard, je vous prie d'écouter la lecture de (1) l'extrait de deux journaux de M. Gourg, administrateur pour le roi au comptoir de Juda, à la côte-d'Or, dressés en 1788 et en 1789 ; ainsi que l'extrait de la déposition du capitaine Guillaume Macintosh, faite par-devant la chambre des communes d'Angleterre le onze Juin dernier (2).

Extrait du journal de M. Gourg.

Du 14 Février.

» A 7 heures du matin, Méhou (3) et Yavo-

. (1) Cet extrait a été pris sur l'original déposé dans les bureaux de la marine.

(2) Quatorze dépositions juridiques faites à la barre du Parlement d'Angleterre par des hommes qui avaient résidé en Afrique, attestent que l'esclavage y a existé de tout temps ; qu'on y fait souvent des sacrifices humains, et que cette vaste contrée n'offre que très-peu d'objets de commerce.

Il résulte des questions que M. Mosneron de Launay à faites à des Nègres de l'Afrique, que l'esclavage y est affreux, qu'on immole souvent des hommes dans les funérailles, dans les fêtes, et que dans quelques cantons on les mange.

Voyez le mercure du 25 juillet 1789, et le journal de Paris du 24 janvier dernier.

(3) Premiers officiers de la couronne, qui en cette qualité tranchent la tête aux victimes indiquées par le roi.

gan sont venus me voir de la part du roi. »

« A neuf heures Méhou nous a envoyé avertir de venir voir les cérémonies : j'y ai été avec le directeur Anglois. On nous a fait asseoir sous des parasols , derrière les cabechères : nous avons vu défiler les femmes du roi , au nombre de 5 à 600 : elles ont fait trois tours du hangard qui est vis-à-vis la grande porte de la caze du roi , sous lequel étoient attachés , depuis le onze au soir , 7 hommes et 7 chevaux destinés à être sacrifiés aux manes du père du roi. »

« Après que les femmes se sont retirées, j'ai été voir avec M. Abson , ces 7 Nègres ; ils étoient liés chacun à un poteau par les pieds , les mains et le cou ; ils ne m'ont point paru inquiets; ils mangeoient des ignames , et paroissoient même avoir de l'appétit , quoique sachant la fin qui les attendoit. »

Du 15 Février.

« A 7 heures du soir il est passé un tambour dont le son lugubre annonce la cérémonie cruelle qui doit avoir lieu ; il annonçoit que tout le monde eût à se retirer , à cause du sacrifice , non-seulement des 7 hommes qui étoient amarrés avec les chevaux , mais encore de beaucoup d'autres. »

Du 16 Février.

« A 7 heures du matin , le roi nous a envoyé chercher pour assister aux cérémonies des coutumes ; nous y sommes allés à 8 heures et demie : nous avons trouvé à l'entrée de la porte du Roi de chaque côté trois têtes de Nègres fraîchement coupées , la figure en bas ; il y en avoit autant à l'autre porte, c'est-à-dire douze têtes aux deux portes , au dessus desquelles on y avoit attaché une poule noire. »

Au marché , on a suspendu d'un côté un chien que l'on attache par les pieds de derrière , et à qui on ouvre le ventre : plus loin à une très-grande potence on a suspendu par les pieds un Nègre à qui on a coupé les parties et que l'on a étranglé : il y en avoit un autre ainsi mutilé et amarré de l'autre côté du marché. »

« Lorsque le roi sort de sa caze , c'est le moment où se font ces horribles sacrifices ; le roi en sortant met les pieds dans le sang des malheureux à qui on coupe la tête , ou au marché, passe sous les malheureux suspendus aux potences , et reçoit sur son hamac et ses pagnes le sang qui découle. »

« Aussi-tôt que le roi est sorti de sa caze, on fait retirer des portes les têtes des Nègres

qu'on y avoit mises , on les jette à 15 ou 20
pas auprès d'un hangard sur lequel il y en a
beaucoup de sèches : elles servent de pâture
aux porcs et aux oiseaux de proie qui sont très
communs , espèce de vautours qu'on appelle
ici pian. »

Du 19 Février.

« A 7 heures du soir est encore passé le tambour qui annonce le sacrifice du dernier jour
des coutumes , qui consistait en cinq hommes
pour chaque porte du roi, et seize au marché
à qui l'on a coupé et étalé les têtes comme les
autres : les corps ont été emportés et jettés
dans les herbes derrière les cazes , où ils servent de pâture aux panthères et aux oiseaux
de proie , à l'exception de ceux qui sont suspendus aux gibets qui y restent jusqu'à ce que
la putréfaction les fasse tomber. Celui qui en
rapporte les têtes au roi , reçoit ordinairement
5 cabêches ou 50 liv. Tous les Nègres que
l'on tue ainsi , sont ordinairement des mal-
faicteurs *ou des captifs faits à la guerre :
mais il faut si peu de chose pour être crimi-
nel aux yeux du roi , qu'on ne peut s'empêcher
de plaindre ces malheureux.* «

Du 8 janvier 1789.

A huit heures du soir on a sacrifié huit hommes aux deux portes du roi, c'est-à-dire, quatre à la porte par où l'on sort pour aller au marché, et quatre à celle par où les femmes rentrent. Le roi sort ordinairement lorsqu'on fait le sacrifice des quatre premiers, met les pieds dans le sang qui coule, va au marché où il met également les pieds dans le sang des seize qu'on y sacrifie; savoir, huit à un des bouts du marché, et huit à l'autre, et en fait autant pour les quatre qu'on immole à sa rentrée. Cette cruelle cérémonie est ce qui caractérise la coutume. »

« Cette coutume s'appelle Thiaïe. Les Nègres sont persuadés que les personnes et les animaux qui sont ainsi sacrifiés, vont dans l'autre monde servir la mère du roi. »

« On m'a assuré que dans l'intérieur de la case on sacrifioit aussi des femmes ; mais comme elles ne communiquent pas avec les hommes, je n'ai pu savoir au juste ce qui en est, ni la quantité de femmes sacrifiées. »

Du 9 janvier.

« À six heures du matin on est venu nous avertir pour aller assister aux cérémonies ; nous y sommes allés à sept heures et demie : on nous a fait entrer dans une grande cour, à la porte de laquelle nous avons trouvé quatre têtes fraîchement coupées , et au-dessus étoit attachée une poule vivante. Dans le fond de la cour, à droite en entrant, étoit un très-grand pavillon ou tente , le même que l'année derniere , sous lequel étoit le roi avec ses femmes. »

« A une heure après midi la cérémonie étant finie, le roi nous a fait dire qu'il alloit monter sur le théâtre, et qu'il falloit attendre ; nous sommes sortis, et l'avons attendu trois quarts d'heure : il est sorti cinq palanquins que nous avons suivis, et qui ont été au marché, où nous avons trouvé un chien suspendu à une potence par les pieds de derriere, ayant le ventre ouvert, et seize têtes fraîchement coupées, savoir huit à chaque bout du marché. »

« En montant sur le théâtre, j'ai remarqué à gauche de l'escalier, dans une petite enceinte, deux Nègres amarrés sur une espèce de petite civiere dont les Négresses se servent pour porter des pots sur la tête. On m'a dit que ces deux Nègres étoient destinés à être jettés par dessus le théâtre. J'ai eu la curiosité d'aller les examiner de près : ils me regardoient très-tranquillement, et ne paroissoient point inquiets ; ils m'ont paru au contraire sourire. »

« On leur a fait faire deux tours sur le théâtre, pour les faire voir au peuple qui a fait de grandes acclamations ; après quoi on les a jettés en bas du théâtre, dans la premiere enceinte, où il y avoit des hommes qui leur ont coupé la tête. »

Du 13 janvier.

« A sept heures du matin, on est venu nous chercher pour assister aux dernières cérémonies des coutumes ; nous y sommes allés à huit : après avoir attendu environ trois quarts d'heure à la porte, nous sommes entrés dans la même cour que la derniere fois, et nous avons trouvé de chaque côté de la porte d'entrée quatre têtes fraîchement coupées. »

Extrait de la déposition du capitaine Guillaume Macintosh.

Du jeudi 11 juin 1789.

« *D.* Avez-vous eu quelquefois raison de soupçonner quel seroit le sort des esclaves, s'il ne se trouvoit point d'acquéreurs européens ? »

« *R.* A l'époque où mon vaisseau étoit le seul, en 1778, tandis que la guerre avec la France et l'Amérique empêchoit les armateurs d'équiper des vaisseaux pour l'Afrique, j'avois envie de faire baisser le prix des esclaves, qui, à cause des circonstances, me paroissoit trop haut. Il survint un délai, pendant lequel je discutai avec les principaux habitans sur l'inconséquence de tenir trop haut le prix des esclaves, lorsqu'il étoit vraisemblable qu'il ne se présenteroit pas d'acheteur. Je demandai à ces habitans, et particulièrement au plus considérable de la côte, ce qu'ils feroient de leurs prisonniers de guerre esclaves, s'il ne se trouvoit point d'acquéreurs. Il hésita long-temps sans me donner aucune réponse : j'insistai sur la question, en lui observant qu'il devoit les renvoyer dans leurs cantons. Enfin il me répondit : « Quoi ! que je les laisse « retourner, pour qu'ils reviennent encore pour « me tuer ! » En un mot, il me fit clairement entendre que s'ils n'étoient pas vendus ils seroient mis à mort (1). »

Est-il possible d'imputer de bonne foi de pareilles atrocités à l'influence des Européens? et n'est-ce pas vouloir tout dénaturer que de nous peindre comme des êtres sanguinaires et barbares, allant porter le désespoir et la mort chez des peuples doux et humains?

On dit que la traite *pèse sur les revenus publics*, qu'elle *nécessite des établissemens fort*

---

(1) D'où il résulte évidemment que si l'abolition de la traite avait lieu, les Africains qui ne cesseraient pas pour cela de se faire la guerre, vendraient à la vérité moins d'esclaves, mais en égorgeraient davantage.

chers à la côte d'Afrique, et qu'enfin *la prime qui lui sert d'encouragement , enlève à l'indigent habitant de nos campagnes le fruit de son travail.*

La traite qui multiplie dans les colonies les moyens de culture , et par conséquent les produits, ne saurait grever les revenus publics, ou bien il faut renoncer aux notions les plus simples de l'économie politique. Nous n'avons d'établissemens à la côte d'Afrique que ceux du *Sénégal*, de *Goré* et de *Juda ;* (il y en a un autre de projetté à la côte d'or). Les frais des deux premiers sont payés par la compagnie du Sénégal (1); les dépenses de l'autre ne méritent pas qu'on les compte (2).

Il est bien moins facile de concevoir comment *le montant de la prime enleveroit le fruit du travail de l'habitant de nos campagnes.* Ce montant est gradué sur la quantité de Nègres *traités*, et par conséquent sur l'augmentation des productions coloniales. Plus il y a de traites, plus il y a de productions des colonies ; et plus aussi le commerce de ces dernieres s'augmente , plus nous vendons à l'étranger , plus nous recueillons de numéraire , et plus il y a de consommations et d'industrie nationales: circonstances qui , loin

---

(1) Goré et Sénégal . . . . 450,000.
(2) Juda . . . . 35,000.

de diminuer le fruit du travail des habitans de la campagne, sont précisément les causes de son augmentation.

Mais, dit la société des amis des Noirs, *la traite se fait avec désavantage par la France, puisqu'elle a besoin d'une prime dont l'Angleterre se passe.* Cela sert à prouver deux faits d'ailleurs très-notoires ; le premier, c'est que les Anglais ne s'attachent pas comme les Français à choisir des Nègres sains et robustes, qu'ils ont la parcimonie de préférer ceux de rebut qu'ils payent un prix médiocre ; le second, c'est que la traite se faisant par les Français avec plus de soin, se fait aussi avec plus d'humanité, ce qui rend les voyages plus longs, en augmente les dépenses, et nécessite cette prime, qui, au surplus, n'est pas à beaucoup près de 2 millions 500 mille livres, comme les amis des Noirs le prétendent (1).

L'orateur des amis des Noirs a encore essayé de démontrer que l'abolition de la traite seroit utile aux colons qui auront alors plus de soin de leurs Nègres, et ne contracteront plus de dettes immenses pour en acheter ; *dettes*, ajoute-t-il, *dont le montant ne peut que se tri-*

____

(1) La prime payée par le gouvernement en 1786, ne s'est élevée qu'à la somme de 1,540,160 liv.

pler rapidement par la hausse rapide et infail-
lible du prix des Noirs, qui deviennent une
marchandise très-chère.

La société ne sait donc pas que les colons achetent des Nègres, non-seulement pour recruter leurs ateliers, mais encore pour étendre leur culture : elle ne voit donc pas que si réellement le prix des Nègres doit devenir tel que les colons ne soient plus en état d'en acheter, ce terme, sans que les amis des Noirs s'en mêlent, sera celui de l'abolition absolue de la traite.

Quant à la crainte de voir passer les bénéfices de la Traite à une Nation rivale, elle paraît peu toucher la société des Nigrophiles. *Pourquoi,* dit-elle, *regretter des profits qui ne sont qu'imaginaires ?* elle se rend même en quelque sorte garante de l'opinion de toute l'Angleterre; comme si la motion qui existe au parlement de la Grande-Bretagne sur cet objet était un décret. On peut aller jusqu'à dire que si ce décret existait, il ne nuirait en rien à l'Angleterre. Personne n'ignore que les Portugais, si solidement établis à la côte d'Afrique, sont les plus fideles alliés des Anglais, et qu'un commerce, dont ces derniers auraient feint de rougir, serait encore fait par eux sous le pavillon portugais.

Il ne manquait à l'aveuglement des Nigrophiles que de penser que leurs cris, leurs démarches seraient des moyens de maintenir la subordination parmi les esclaves. La révolte de ceux de trois Colonies vous paraîtra sans doute, Messieurs, un argument plus certain.

Mais comme si ce malheur n'était point assez grave, l'ami des Noirs nous en présage de plus funestes encore : « N'en doutons point, dit-« il, notre heureuse révolution doit réélectriser « les Noirs, que la vengeance et le ressenti-« ment ont électrisés depuis long-temps. Ce n'est « point avec des suplices qu'on réprimera l'effet « de cette commotion : *d'une insurrection mal* « *appaisée*, en naîtront 20 autres, dont une « seule peut ruiner à jamais les Colons. »

Ah! si l'on n'eût pas eu l'indiscrétion ou la perfidie de publier aux îles que les Nègres avaient, en France, des amis qui allaient obtenir leur liberté de l'Assemblée nationale, il n'y aurait pas eu d'insurrection *mal appaisée*, il n'y aurait pas eu de supplices !

C'est dans le désespoir de faire adopter aucune de leurs maximes, que les Nigrophiles terminent toujours leurs discours par invoquer avec affectation la déclaration des droits de l'homme. Pour leur répondre, il ne faut qu'un mot ; et ce mot, leur dernier écrit (p. 4.) nous le fournira : *Le projet de rendre tout-à-coup les Noirs libres est d'une absurdité qui saute aux yeux;* et plus bas, relativement à l'abolition de la

Traite,

Traite, *nous ne cherchons pas à précipiter cette décision.* Ce ne sera donc, ni par l'application soudaine de la déclaration des droits de l'homme, ni par l'abolition de la Traite, mais par des lois sages qui régleront ce commerce, en réprimant ce qu'il peut avoir de vicieux, mais par un régime intérieur dans les Colonies, par l'effet sûr de la révolution qui s'est opérée en France, et plus encore par l'autorité du temps sur des institutions susceptibles d'améliorations, qu'on peut et doit attendre des résultats d'autant plus précieux, qu'ils n'auront produit ni secousse, ni effusion de sang.

A l'égard de la cruauté avec laquelle l'ami des Noirs prétend que les Colons traitent leurs Nègres, en les *excédant de travaux, de coups de fouet et d'inanition*, ce n'est pas à moi à vous démontrer, Messieurs, combien ce reproche est exagéré, combien il est inconciliable avec l'hospitalité qu'on trouve aux îles, et outrageant pour le caractère d'un peuple qui, dans plus d'une occasion, a prouvé qu'il avait le cœur français. Je me bornerai à observer à l'ami des Noirs, qu'au lieu de se livrer à des inculpations aussi peu mesurées, il eût été plus sage et plus naturel de penser, que le premier intérêt du Colon qui ne peut faire valoir sa terre sans le secours de Nègres qui lui coûten fort cher , lui commande de veiller à leur conservation.

Le désaveu des Nigrophiles , relativement à la liberté des Nègres, quoique tardif, me dispense d'examiner si , comme on l'a imprimé, ils ont varié dans leurs raisonnemens ; si le but que cette société s'était originairement proposé, n'était pas clairement énoncé dans les ouvrages de quelques uns de ses membres : bornons-nous à ramener l'attention toute entière sur l'état actuel des Colonies, sur les dangers qui les menacent ; de quelque part que vienne le coup qui leur a été porté, il peut avoir les suites les plus funestes, si l'on n'en arrête promptement les progrès.

Je vous ai dit , Messieurs , qu'il n'y avait point de lieu du royaume pour lequel l'affranchissement des esclaves et l'abolition de la Traite pût être indifférente. Paris est un de ceux qui souffriraient le plus de la perte des Colonies : c'est de Paris qu'on leur expédie une quantité considérable de marchandises de toute espèce , dont la consommation fait prospérer les arts , les manufactures et le commerce de cette capitale ; c'est à Paris , que plus de mille propriétaires des Colonies , leurs familles et leurs enfans dépensent annuellement près de 50 millions ; c'est à Paris que plusieurs riches héritiers des Colonies ont contracté des mariages qui y répandent des sommes considérables ; c'est à Paris que les Colons, qui sollicitent des récompenses, des graces ou la justice, ou qui ont quitté leur patrie pour venir connaître la France, choisissent leur domicile ; c'est à Paris enfin, que ceux d'entre eux qui jouissent d'une grande fortune viennent étaler leur luxe, et chercher les avantages que les richesses ne procurent que dans une immense capitale. Paris est donc immédiatement intéressé à la conservation des Colonies.

Personne ne se dissimulera que ces possessions éloignées rendent plusieurs réformes désirables. Les circonstances actuelles ne peuvent manquer de les hâter. Conservons l'avantage de leur offrir, à plusieurs égards, d'utiles exemples : mais lorsque la France éprouve encore de vives agitations intérieures, le soin le plus immédiat est de s'en occuper. Méditons encore quelque temps à l'égard des Colonies (si peu connues en France), ce qui peut être vraiment avantageux et pour elles et pour nous ; pénétrons-nous de ces paroles du meilleur des rois (1) : « Qu'il faut atteindre au grand but de la régé- « nération, sans accroissement de troubles et « sans convulsions ; » et dans l'impuissance de

______

(1) Voy. le Discours du Roi prononcé à l'Assemblée nationale le 4 février 1790.

réaliser le bien en un instant , ne mettons pas le mal à sa place ; gardons-nous sur-tout de rendre nécessaire la scission des Colonies d'avec la mère-patrie.

T ELS sont, Messieurs, les motifs qui me déterminent à vous proposer l'avis suivant :

Les insurrections qui ont eu lieu aux mois d'août et de novembre derniers aux îles françaises, les nouvelles inquiétantes qu'on en a reçues, l'intérêt de la conservation des Colonies , le bonheur de la France qui en est inséparable , exigent les mesures les plus actives pour y rétablir l'ordre. Considérant que les principales villes maritimes , les provinces et plusieurs municipalités de l'intérieur du royaume, ont publié des réclamations aussi alarmantes pour le commerce , les manufactures , l'agriculture et la navigation, que pour le patriotisme français ; que ces réclamations s'accordent à présenter , comme une conséquence nécessaire de la prohibition de la traite des noirs , la perte de nos Colonies , l'anéantissement de notre commerce maritime , la destruction de nos manufactures, la nullité des matières qu'elles emploient , la chûte de l'industrie et des arts qu'elles entretiennent ,

le découragement de l'agriculture , l'avilisse-
ment de tous les genres de propriété , le renver-
sement de plusieurs fortunes , et la dépopulation d'une grande partie des provinces ; considérant que Paris qui a sauvé la France , n'aura
cependant rien fait pour elle, si, par sa puis-
sante influence, il ne préserve nos Colonies des
désastres dont elles sont menacées ; que sept
cent mille nègres se révoltant contre moins de
cent mille blancs, présentent le tableau du plus
affreux carnage, de la plus affligeante catas-
trophe qu'ait jamais éprouvée le genre humain;
que si, comme on le publie hautement, l'Angleterre a conçu le projet d'une grande vengeance politique, cette circonstance ajoute encore à la nécessité de ne pas perdre un instant
pour détourner l'orage qui s'est élevé dans nos
Colonies. J'estime, Messieurs, qu'il y a lieu, 1°. de
supplier l'Assemblée Nationale de faire cesser,
dans le plus bref délai, l'incertitude et les justes
alarmes des Colons et des provinces maritimes ,
en sollicitant de S. M. l'exécution des moyens
qui seront jugés convenables pour rétablir l'ordre , et détruire l'effet des faux bruits que des
esprits inquiets ou mal intentionnés ont eu la
coupable témérité de répandre dans les Colonies.

2°. Que la délibération à prendre sur cet objet doit être communiquée aux cinquante-neuf

autres districts, avec invitation de seconder nos démarches, pour obtenir tout le succès que font espérer la nature des circonstances, le vœu de la France entière, et la sagesse de l'Assemblée Nationale.

De l'Imprimerie de P.-Fr. Didot jeune.

EXTRAIT

Du Régistre des Délibérations du District des Filles Saint-Thomas.

L E district des Filles saint Thomas, en assemblée générale tenue à l'hôtel de Richelieu le 22 février 1790, après avoir entendu le rapport fait par Messieurs les commissaires nommés par l'Assemblée générale tenue en l'église des Filles Saint-Thomas le 8 du même mois, pour l'examen du discours prononcé en ladite assemblée par M. Magol , ex-président du district, ayant pour objet la question relative à la liberté des négres et à l'abolition de la traite , dans lequel M. Magol conclut à ce que son discours soit communiqué aux cinquante-neuf autres districts, avec invitation de se réunir à celui des Filles saint Thomas, pour faire unanimement auprès de l'Assemblée nationale une démarche tendante à préserver les colonies des malheurs dont elles sont menacées.

Considérant que l'intérêt de sept cent mille négres, que contiennent les colonies françaises doit, par les mêmes principes d'humanité qu'on reclame en leur faveur, être subordonné à la nécessité urgente d'assurer la fortune et la vie de près de cent mille Colons français, et de garantir de sa ruine absolue l'un des plus grands empires de l'Europe.

Que le sentiment de l'humanité, qui rapproche tous les hommes pour produire les meilleurs effets possibles, est subordonné comme toutes les autres vertus aux combinaisons d'une saine politique.

Que ce serait donner dans un faux calcul, que de vouloir opérer le bonheur idéal de quelques milliers d'individus, en assurant infailliblement le malheur de nos frères les Colons, et de vingt quatre millions d'hommes dont la France est composée, et dont tous les intérêts sont intimement liés avec ceux des Colonies.

Que ce principe politique est d'une telle évidence, que les partisans les plus zélés de l'abolition subite de la traite des négres, ont senti combien il serait absurde de proposer à l'Assemblé nationale l'affranchissement actuel des noirs.

Que la demande de l'abolition immédiate de la traite, avant que toutes les puissances intéressées soient convenues d'y renoncer simultanément, produirait l'effet funeste d'assurer aux nations rivales de la France une supériorité dont il est impossible de déterminer le dégré.

Que cette abolition subite, en entretenant

chez les noirs la fausse opinion que l'Assemblée nationale a décrété leur liberté, entretiendrait en même temps chez eux l'esprit de sédition et de révolte, qui a déjà éclaté dans nos îles, et dont plusieurs Colons ont été les victimes.

Que si l'humanité exige que l'on s'applique à rendre le sort des noirs le plus doux possible, dans le passage d'un état de barbarie à un commencement de civilisation; l'humanité crie à tous les cœurs, que la nation doit s'occuper essentiellement d'assurer les propriétés, la vie des Colons, et le salut de l'Empire étroitement lié à la conservation des Colonies; que ce n'est pas dans le moment où la France entière vient d'éprouver les plus violentes secousses, où toutes les fortunes sont ébranlées, où l'état des finances exige les plus grands sacrifices de la générosité française, qu'on doit songer à déchirer le royaume par de nouvelles convulsions, à jetter dans le désespoir les négocians, les fabriquans, les agriculteurs et les artisans, qui sont de tous les citoyens les plus intéressés à seconder de tous leurs efforts le succès d'une révolution qui assure la liberté du commerce, source unique et intarissable de sa prospérité.

Considérant encore, que de l'oubli de ces principes essentiels résulterait,

1°. La perte à jamais irréparable des Colonies françaises.

2°. Celle de plus de trois cent millions, dûs actuellement par les Colonies aux armateurs et négocians de la métropole.

3°. Celle de près de 250 millions que ces Colonies produisent chaque année à la France, en retour de ce qu'elle leur vend de denrées et de produits d'industrie de tout genre, et par conséquent celle d'un numéraire immense.

4°. La perte des avantages que procure à la nation française, dans la balance du commerce de l'Europe, l'exportation de 150 millions de denrées Coloniales qu'elle vend à l'étranger.

5°. La ruine absolue des villes maritimes, de la plus part des manufactures du royaume, d'une partie de l'agriculture, l'émigration d'une foule d'Armateurs et de Négocians, la cessation de travail pour plus de six millions d'hommes que ce commerce occupe et fait vivre, et qui, réduits à la plus affreuse indigence, seraient forcés ou de s'expatrier, ou de se livrer à tout l'excès de leur désespoir, et peut-être à la dévastation de leur propre patrie.

6°. L'anéantissement de la marine marchande, qui entraînerait inévitablement celle de la marine royale, et l'impuissance absolue de se garantir des invasions des ennemis de la France.

Considérant que ce désastre universel qui amenerait la dissolution de toutes les parties de l'Empire français, et le mettrait à jamais dans la dépendance d'une puissance rivale qui , rapidement enrichie de toutes nos pertes , serait en peu de tems en état de donner des lois à toute l'Europe.

Considérant enfin que la capitale , qui a le même interêt que le reste du royaume à la prospérité des Colonies , par ce qu'elle fait entrer des produits de son industrie dans ce genre de commerce , et par les avantages sans nombre qu'elle en retire , qui s'est en quelque sorte sacrifiée pour le recouvrement de la liberté et la régénération des droits de la Nation , doit pour son bonheur et sa gloire personnels se hâter de prévenir tous ces maux , et être la première à s'empresser de convaincre les provinces , auprès de qui les ennemis de la révolution et du bien public ont voulu la calomnier , qu'elle ne cesse d'avoir les yeux ouverts sur leurs véritables intérêts ; qu'elle est constamment unie de cœur et d'esprit avec elles ; que rien ne peut lui faire démentir l'intime fraternité qu'elle leur a vouée ; et qu'instruite du vœu général et des allarmes bien fondées des Colonies , des villes maritimes et de toutes les parties du royaume , agricoles ou commerçantes , dont l'existence tient à la conservation et à la prospérité de nos Colonies , elle doit se faire leur interprète et prévenir leur vœu auprès de nos Législateurs , a arrêté à la très-grande majorité :

1°. Que le District adhère à l'adresse de la Commune de Rouen, et autres rédigées dans le même esprit : 2°. Que l'Assemblée Nationale sera très-instamment suppliée de vouloir bien procurer sans délai le calme et la tranquillité, tant à toutes les provinces intéressées au sort des Colonies, qu'aux Colonies elles-mêmes, en se concertant avec le pouvoir exécutif, non seulement pour assurer par les mesures les plus promptes et les plus efficaces la conservation des Colonies, mais pour leur accorder plus que jamais secours et protection, et les moyens de s'élever au degré de prospérité dont elles sont susceptibles.

3°. Que le présent arrêté sera communiqué sur le champ aux cinquante-neuf autres Districts, ainsi que les discours de Messieurs Magol et de Milly, et les autres ouvrages qui ont éclairé le District sur le parti qu'il a pris, avec l'invitation la plus pressante à chacun des cinquante-neuf Districts de prendre communication sans délai de ces discours et adresses, de donner leur adhésion au présent arrêté, et de présenter avec unanimité à l'Assemblée Nationale un vœu pareil à celui du District des Filles Saint-Thomas.

Signé, L. LEMIT, Président.

JOIGNY, Secrétaire-Greffier.

www.ingramcontent.com/pod-product-compliance
Lightning Source LLC
Chambersburg PA
CBHW061617060726
47597CB00005B/1681